BEI GRIN MACHT SICH IHR WISSEN BEZAHLT

- Wir veröffentlichen Ihre Hausarbeit, Bachelor- und Masterarbeit

- Ihr eigenes eBook und Buch - weltweit in allen wichtigen Shops

- Verdienen Sie an jedem Verkauf

Jetzt bei www.GRIN.com hochladen und kostenlos publizieren

Tanja Stramiello

Ufos: Erscheinungen, Besuche, Entführungen - ein Kurzvortrag

GRIN Verlag

Bibliografische Information der Deutschen Nationalbibliothek:

Die Deutsche Bibliothek verzeichnet diese Publikation in der Deutschen National-
bibliografie; detaillierte bibliografische Daten sind im Internet über http://dnb.d-
nb.de/ abrufbar.

Impressum:

Copyright © 1999 GRIN Verlag GmbH
Druck und Bindung: Books on Demand GmbH, Norderstedt Germany
ISBN: 978-3-656-24525-4

Dieses Buch bei GRIN:

http://www.grin.com/de/e-book/15468/ufos-erscheinungen-besuche-entfuehrungen-
ein-kurzvortrag

GRIN - Your knowledge has value

Der GRIN Verlag publiziert seit 1998 wissenschaftliche Arbeiten von Studenten, Hochschullehrern und anderen Akademikern als eBook und gedrucktes Buch. Die Verlagswebsite www.grin.com ist die ideale Plattform zur Veröffentlichung von Hausarbeiten, Abschlussarbeiten, wissenschaftlichen Aufsätzen, Dissertationen und Fachbüchern.

Besuchen Sie uns im Internet:

http://www.grin.com/

http://www.facebook.com/grincom

http://www.twitter.com/grin_com

Ufos: Erscheinungen, Besuche, Entführungen

Inhaltsverzeichnis

Einführung   S. 3

1. Geschichtlicher Hintergrund   S. 3

2. Klassifizierung der UFO - Sichtungen   S. 4

3. UFO - Sichtungen und der Mangel an Beweisen   S. 5

3.1 Zeugen   S. 5

3.2 Radar   S. 5

3.3 Foto- und Videoaufnahmen   S. 6

4. Um was könnte es sich bei UFOs handeln?   S. 7

5. Entführung durch Außerirdische   S. 8

5.1 Das Problem der Hypnose   S. 10

6. Warum UFOs und Außerirdische?   S. 10

Zusammenfassung   S. 11

Literaturverzeichnis   S. 13

Einführung

Seit langer Zeit beschäftigen sich Wissenschaftliche und private Gruppen mit dem sogenannten „UFO - Phänomen", die zum Teil bis heute existieren. Auf jährlich stattfindenden UFO - Kongressen werden neueste Erkenntnisse und „Beweise" veröffentlicht. Tausende von Zeugen wollen fliegende Untertassen gesichtet, ja sogar fotografiert und gefilmt haben. Einige der Zeugen behaupten von Außerirdischen entführt worden zu sein.

Doch was steckt hinter Behauptungen dieser Art? Gibt es tatsächlich Beweise, die jeden Zweifel über die Existenz der UFOs ausräumen? Und wenn nicht, worum könnte es sich dann bei den Tausenden von Sichtungen handeln?

Sicher ist, daß es das UFO-Phänomen seit den 40er Jahren in den USA besteht und auch in Deutschland seit den 80er Jahren großes öffentliches Interesse findet. Wenn sich alle diese Menschen irren mit ihren Geschichten über fliegende Untertassen und Entführungen, dann bleibt die Frage, was sie dazu führt an solche Geschichten zu glauben, bzw. diese zu erfinden.

1. Geschichtlicher Hintergrund

Der Begriff „Fliegende Untertasse" wurde 1947 geprägt. Damals gab der Verkehrspilot Kenneth Arnold an, er habe Objekte gesehen, die:„ ... so flogen, wie wenn jemand eine Untertasse nimmt und sie übers Wasser wirft."[1] Allerdings wurde Arnolds Aussage in den Zeitungen falsch zitiert, denn danach hatte er angeblich gesagt, daß die Objekte nicht *flögen*, wie Untertassen, sondern so *aussähen*. Ausgesehen haben die Objekte damals, laut Arnold, eher wie Backbleche, weswegen man heute konsequenterweise von „Fliegenden Backblechen" reden müßte. Der Begriff wurde jedoch übernommen und dieses historisch falsche Zitat führte dazu, daß noch heute bei ähnlichen Sichtungen von fliegenden Untertassen gesprochen wird.

Die UFO - Sichtungen selbst werden seit der Zeit des zweiten Weltkrieges dokumentiert. Während

---

1 Carl Sagan: Der Drache in meiner Garage oder Die Kunst der Wissenschaft, Unsinn zu entlarven. München: Droemer/Knaur 1997, S. 98.

des Krieges beobachteten die Piloten Objekte, die sich passiv verhielten und deshalb zunächst für Spionageflieger des Feindes gehalten wurden. Den Piloten waren die Objekte wegen ihres Strahlens als sogenannte „Foo Fighters" bekannt, wobei sich „Foo" vom französischen Wort „feu" also „Feuer" ableitete.

Der Begriff „Unbekanntes Fliegendes Objekt", bzw. „unidentified flying objekt" (= UFO) im englischen, wurde Mitte der 50er Jahre vom amerikanischen Militär eingeführt, wobei damit zunächst *jedes* Objekt bezeichnet wurde, das auf einem Radarbildschirm auftauchte. Es behielt solange den Status *unbekannt*, bis es identifiziert war. Somit hatte die Bezeichnung Unbekanntes Fliegendes Objekt ursprünglich nichts mit Raumschiffen oder Intelligenzen außerirdischem Ursprungs zu tun, wurde aber dennoch für deren Bezeichnung übernommen.

2. Klassifizierung der UFO - Sichtungen

Der Astronom Professor Dr. J. Allan Hynek, der während der 50er und 60er Jahre als Berater des Projektes „Blue Book", das 1947 vom Militär zur Erforschung des UFO - Phänomens in Auftrag gegeben wurde und 1969 wegen mangelnder Ergebnisse eingestellt wurde, angestellt war, erstellte ein Klassifikationssystem, mit dessen Hilfe alle UFO - Nahbegegnungen[2] eingeordnet werden konnten.

Hynek teilte die UFO - Nahbegegnungen ein in: CE1 (Close Encounters of the First Kind). Dies entspricht einer UFO - Nahbegegnung der ersten Art, bei der ein UFO gesichtet wird; CE2 (Close Encounters of the Second Kind) entspricht einer UFO - Nahbegegnung der zweiten Art, bei der das UFO Spuren in seiner Umgebung hinterläßt. Solche Spuren treten angeblich in Form von Verbrennungen des Bodens, radioaktiver Strahlung, chemischen Reaktionen und elektrostatischen bzw. elektromagnetischen Effekten an Fahrzeugen und Elektrogeräten auf und CE3 (Close Encounters of the Third Kind). Von einer UFO - Nahbegegnung der dritten Art spricht man, wenn Zeugen angeblich die Insassen des UFOs beobachten konnten.

Dieses Klassifikationssystem wurde von Dr. Jacques Vallée, ebenfalls Astronom und zeitweilig Mitarbeiter Hyneks, um zwei Punkte erweitert. Er fügte CE4 (Close Encounters of the Fourth Kind): Die UFO - Nahbegegnung der vierten Art, bei der der Zeuge angeblich von den UFO - Insassen

---

2 Bei einer Ufo - Nahbegegnung handelt es sich um eine Ufo - Sichtung, bei der das beobachtete Objekt nicht mehr als 150 Meter entfernt war.

entführt wird und CE5 (Close Encounters of the Fifth Kind): Eine UFO - Nahbegegnung der fünften Art, bei der der Zeuge angeblich bleibend verletzt oder sogar getötet wird, an.

3. UFO - Sichtungen und der Mangel an Beweisen

3.1 Zeugen

Viele Zeugen, die angeblich UFOs gesichtet haben bzw. mit diesen Kontakt hatten, tragen angebliche Folgeschäden davon. Diese hätten sich in Form von Übelkeit, Verbrennungen der Haut, Gewichtsverlust, Allergien und Ausschlag gezeigt. Bis heute sind jedoch keine eindeutigen Beweise erbracht worden, daß es sich bei diesen Fällen wirklich um Folgeerscheinungen einer Begegnung mit UFOs handelt.

Von Seiten der UFO - Gläubigen wird oftmals angeführt, daß viele der Zeugen, die UFOs gesichtet haben, selbst Piloten oder sogar Wissenschaftler seien. Dies soll darauf verweisen, daß diese Zeugen aufgrund ihres fachlichen Wissens und ihrer eher kritischen Haltung seriös und deshalb auch glaubwürdig erscheinen. Man kann jedoch dagegen einwenden, daß jeder Mensch, egal welchen Beruf er ausübt oder über welchen Wissensstand er verfügt, Täuschungen unterliegen kann. Außerdem ist es de facto so, daß Erinnerungen schon nach kurzer Zeit verfremden und verzerrt werden. Es ist deshalb für den Wahrheitswert irrelevant *wer* etwas über angebliche UFO - Sichtungen berichtet.

3.2 Radar

Als ein Argument für die Existenz der UFOs gilt deren extrem hohe Fluggeschwindigkeit, die kein uns bekanntes Flugobjekt erreichen kann. Außerdem vollführen die angeblich beobachteten Objekte rapide Richtungs- und Geschwindigkeitsänderungen, deren Beschleunigungen kein menschliches Wesen überleben würde. Doch gerade die beschriebenen Richtungswechsel gehen oft auf optische Täuschungen zurück, wie z.B. das Zittern der Hände, wenn das Objekt mit dem Fernglas beobachtet wurde. Dazu kommt, daß die einzige einigermaßen zuverlässige Quelle für Geschwindigkeiten der gesichteten Objekte der Radar darstellt, da mit bloßem Auge niemals eine genaue Schätzung der Geschwindigkeit möglich ist. Doch auch bei den Radarmessungen kann man sich nicht darauf verlassen, daß die erhaltenen Angaben richtig sind, denn Radargeräte arbeiten - auch durch falsche Bedienung - manchmal fehlerhaft. So kann es passieren, daß sie Objekte oder auch Geschwindigkeiten anzeigen, die mit der Realität nicht übereinstimmen.

Oft wird von Radarerfassungen berichtet, bei denen das Objekt gleichzeitig auch von Zeugen beobachtet werden konnte. Eine mögliche Erklärung hierfür wäre, daß Radargeräte Sternschnuppen, Polarlichter, Vogelschwärme oder auch ionisierte Wolken erfassen können, die gleichzeitig durchaus für Ufomeldungen sorgen können.

Ein anderes Phänomen, das zu Radarmessungen angeblicher UFOs führen kann, ist das Phänomen sogenannter Temperaturinversionen[3], die zu Reflexionen der Radarsignale führen können. Dabei können die Radarsignale nicht nur weit über den normalen Empfangsbereich des Radars hinausreflektiert werden, sondern auch sogenannte „Engelechos" hervorbringen. Hierbei werden Objekte angezeigt, obwohl sich am betreffenden Ort eigentlich nichts befindet.

3.3 Foto- und Videoaufnahmen

Es existieren mittlerweile wahrscheinlich hunderte Fotos und etliche Videoaufnahmen von gesichteten UFOs. Die meisten dieser Aufnahmen sind schwarzweiß. Nur wenige wurden mit Farbfilmen aufgenommen. Es ist natürlich leichter auf einer Schwarzweißaufnahme angebliche UFOs auszumachen, als auf einer Farbaufnahme, denn im schwarzweiß verwischen die Kontraste und Schatten wirken manchmal plastisch. So scheint es bezeichnend, daß die meisten Aufnahmen dazu noch verwackelt oder unscharf sind. Aus diesen Gründen lassen sich Schwarzweißaufnahmen natürlich auch leichter fälschen. Tatsächlich werden in der Regel Schwarzweißaufnahmen von UFOs vorgelegt.

Viele dieser angeblichen Beweise konnten als Fälschungen entlarvt werden. So entpuppen sich die meisten UFO-Fotos als Doppelbelichtungen, bei denen zunächst kleine Modelle fotografiert und diese dann in den Himmel projiziert wurden oder aber (klassisch) als in die Luft geworfene Topfdeckel oder Frisbee-Scheiben, die dann aus günstigen Winkeln fotografiert wurden. Manchmal sind es aber auch nächtlich fotografierte Taschenlampen oder Feuerwerkskörper, die hier als UFOs

---

3   Bei einer Temperaturinversion befindet sich im Gegensatz zum Normalfall, bei dem die Temperatur der Luft in der Atmosphäre von unten nach oben abnimmt, wärmere Luft über kälterer Luft. An der Grenz-schicht beider Luftmassen kann es zu Reflektionen der Radarwellen kommen.

ausgegeben werden. In neuester Zeit können aber auch per Computer verblüffend „echte" Fotos erstellt werden.

Bei den meisten Videoaufnahmen, die meistens ebenfalls verwackelt und unscharf sind, konnte im nachherein festgestellt werden, daß die Menschen etwas sehr natürliches, wie z.b. Heißluftballons, Leuchtraketen, Flugzeuge etc. filmten, wenn es sich nicht auch hierbei um Fälschungen handelte.

Es fällt zudem auf, daß noch nie Astronomen oder Meteorologen UFOs fotografieren konnten, obwohl diese den ganzen Tag in den Himmel schauen und ihnen durchaus Schnappschüsse von z.b. bisher unbekannten Kometen gelingen.

4. Um was könnte es sich bei UFOs handeln?

Wenn die gesichteten Objekte, für die es scheinbar keine klaren Beweise gibt, keine Raumschiffe von fernen Planeten sind, um was könnte es sich dann handeln?

Untersuchungen zeigen, daß unterschiedlichste natürliche Erscheinungen von Menschen für UFOs gehalten werden können. Planeten z.b. wie die Venus, der Jupiter oder auch der Mars strahlen zu bestimmten Zeiten verhältnismäßig hell, so daß sie Spaziergängern durchaus als ungewöhnlich auffallen können. Wenn er nun einen der Planeten ins Auge gefaßt hat und ihn für ein UFO (also ein Objekt, daß man wesentlich näher vermutet, als den Planeten) hält, so scheint es, als würde das vermeintliche UFO folgen, wenn der Spaziergänger seinen Weg fortsetzt.

Manchmal werden Meteoriten, die an der Erde vorüberfliegen oder Sternschnuppen, also kleine Teilchen, die in der Erdatmosphäre verglühen, für fliegende Untertassen gehalten. Oftmals auch Satelliten, die „glitzernd" und schneller als jeder Stern am Himmel die Erde umfliegen.

Auch Suchscheinwerfer, die entweder beim Militär oder bei einer städtischen Veranstaltung einen bestimmten Ort anzeigen, indem man sie auf den Himmel richtet können mit Flugobjekten verwechselt werden. Wenn es bewölkt ist, so kann es dann scheinen, als flögen ovale, helle Scheiben unter den Wolken entlang.

Auch Autoscheinwerfer können manchmal Phänomene hervorrufen, die manche Menschen dazu bringt anzunehmen, sie hätten es mit UFOs zu tun. So ist dies z.B. der Fall bei den sogenannten „Geisterlichtern von Texas".[4] Diese treten bei Saratoga oder auch Marfa auf. Hier gibt es das

---

4   Gero von Randow: Mein paranormales Fahrrad und andere Anlässe zur Skepsis, entdeckt im „Skeptical Inquirer". Reinbeck: rororo 1998, S.91ff.

Phänomen, daß Autoscheinwerfer schon aus größerer Entfernung als sonst durch eine Art Vegetationstunnel wahrgenommen werden können. Dabei ergibt sich dann, daß:

> „Für das bloße Auge ... die beiden Scheinwerfer aus großer Entfernung wie ein heller, bewegungsloser Fleck in der Mitte des Tunnels aus [sehen]."[5]

Dieser helle und zudem geräuschlose Fleck wird dort von vielen Menschen für ein UFO gehalten, das hinter ihnen über die Fahrbahn gleitet.

Manchmal sind es Wetterballons, Heißluftballons oder auch militärische Aufklärungsballons, die zu Sichtungen führen. Wenn sie in großer Höhe schweben oder mit Alufolie verkleidet sind, in der sich die Sonne spiegelt, werden sie schnell für außerirdische Raumschiffe gehalten.

Dies geschieht auch häufig bei Flugzeugen, deren Lichter zwar in der Nacht gesichtet werden, deren Fluggeräusche jedoch nicht gehört werden können. Dies entweder weil sie Überschall fliegen und so das Fluggeräusch erst später eintrifft, als die gesichteten Lichter oder das Flugzeug zu hoch fliegt, als daß es hörbar wäre. Manchmal führen aber auch die sogenannten „Tarnkappenbomber" zu UFO - Sichtungen. Diese fallen mit ihrer fast dreieckigen Form aus dem klassischen Bild eines Flugzeuges, weshalb sie wohl von vielen Menschen für UFOs gehalten werden. Vielleicht sind sie sogar mitverantwortlich für die vermehrten Sichtungen dreieckiger UFOs in jüngerer Zeit.

Es zeigt sich, daß durchaus viele natürliche oder auch vom Menschen erschaffene Erscheinungen am Himmel oder auch auf der Erde für viele der UFO - Sichtungen verantwortlich sein könnten.

5. Entführung durch Außerirdische

Bei der sogenannten „Entführung durch Außerirdische" geben Zeugen an von Wesen außerirdischen Ursprungs entführt (meist in deren UFO) worden zu sein. Diese Wesen werden in der Regel als sehr klein, um 1,20 Meter, beschrieben. Sie hätten graue, unbehaarte Körper und Köpfe, eine kleine Nase und einen kleinen Mund, dafür aber große, schrägstehende, schwarze Augen. Auffallend ist, daß sich dieses Bild eines Außerirdischen seit den 80er Jahren durchgesetzt hat und zwar zeitgleich mit dessen Verbreitung durch die Medien. In Filmen wie: „Die unheimliche Begegnung der dritter Art" von Steven Spielberg oder dem Buch: „Die Besucher" von Whitley Strieber, das in den USA ein Nr. 1 - Bestseller war. Hierbei stellt sich die Frage, ob *ausschlaggebend* für den plötzlichen

---

5   Ebenda, S. 92.

Konsens über das Aussehen der Außerirdischen nicht eher die Medien, als tatsächliche Erfahrungen verantwortlich waren.

Doch zurück zu den Untersuchungen an Bord der Raumschiffe. Dort hätten die fremden Wesen Untersuchungen und Experimente an den Menschen durchgeführt. Einige Entführungsopfer berichten davon, daß ihnen Eizellen bzw. Sperma entnommen worden sei, mit denen die Außerirdischen sogenannte „Hybridwesen", also Mischwesen zwischen Menschen und Außerirdischen, züchten würden.

Die meisten Opfer geben an, sie seien nachts direkt aus ihren Betten entführt worden. Diese Tatsache weist jedoch darauf hin, daß es sich bei diesen Erlebnissen auch um eine Art Traum handeln könnte. Tatsächlich gibt es den Zustand der sogenannten „Schlafdrucklähmung". Dies ist eine Art Schlafstörung, bei der sich der Betroffene in einem Zustand zwischen Wachheit und Schlaf befindet. Das führt dazu, daß er zwar seinen Körper wahrnimmt, jedoch gleichzeitig zu Halluzinationen und visionsartigen Zuständen neigt. Er meint dabei völlig wach zu sein und nimmt alle Vorgänge intensiv und scheinbar real wahr. Heftige emotionale Reaktionen, wie z.B. Panik sind keine Seltenheit, da die Betroffenen in diesem Zustand meist bedrückende Szenarien erleben, doch auch diese führen nicht zum Aufwachen. In früheren Zeiten sahen die Menschen in diesen Zuständen meist Dämonen, sogenannte „Nachtmahre", die sich auf die Brust des Betroffenen setzten. Wenn Menschen heutzutage Außerirdische statt Dämonen sehen, könnte dies darauf hinweisen, daß sich lediglich das Bild, das die Menschen sehen, verändert hat, der Vorgang jedoch der gleiche geblieben ist.

Ein weiteres Indiz dafür, daß es sich bei diesen Erlebnissen lediglich um eine Art Traum handelt ist die Tatsache, daß scheinbar niemand die nächtlichen Entführungen bemerkt. Laut Statistik wurden 2% der Amerikaner bereits durch Außerirdische entführt, doch weder die Ehepartner, noch Nachbarn bemerken das nächtliche Eindringen der fremden Wesen. Niemals schlagen Alarmanlagen los, wenn die Wesen in die Häuser eindringen und keine Wachhunde machen ihrem Namen alle Ehre.

Eindeutige Beweise, wie z.B. Implantate, die von den fremden Wesen eingepflanzt wurden, gehen entweder regelmäßig verloren oder entpuppen sich als etwas natürliches, wie z.B. Knochensplitter.

Auch bleiben Fragen offen, denn warum sind die fremden Wesen, die uns im Bereich der Technik und Physik haushoch überlegen scheinen, nicht in der Lage zu klonen? Selbst uns Menschen gelingt dies bereits und angenommen die Außerirdischen sind dazu theoretisch in der Lage, dann würden sie nicht ständig neues Sperma und Eizellen benötigen. Dann würde eine unspektakuläre Entnahme weniger Zellen schon genügen, um Hybridwesen zu züchten. Hierbei ergibt sich jedoch noch ein anderes Problem: Laut Zeugenaussagen entnehmen die fremden Wesen Eizellen und Sperma zur Zucht. Doch wäre es überhaupt vorstellbar, daß unsere Gene mit denen eines Wesens einer anderen Galaxie kompatibel wären? Schwer vorstellbar, denn selbst hier auf der Erde ist es unmöglich verschiedene Arten miteinander zu kreuzen, zumal wir schon bei den Menschenaffen, die uns bekanntlich in 98,4% der Gene gleichen, an unsere Grenzen stoßen.

5.1 Das Problem der Hypnose

Als ein Beweis dafür, daß die Erzählungen der Entführungsopfer der Wahrheit entsprechen, gelten Hypnosesitzungen in denen Opfer über die nächtlichen Entführungen berichten. Oftmals kommen hierbei erst Erinnerungen an den Vorfall zu Tage, die vorher nicht bewußt waren. Es ist außerdem auffallend, daß die Opfer fast identische Geschichten erzählen. Doch sind dies Hinweise darauf, daß die Geschichten wahr sind? Nicht notgedrungen, denn Hypnose ist als Beweismittel insofern problematisch, als daß Geschichten die Menschen, die sich in Hypnose befinden, erzählen nicht der Wahrheit entsprechen *müssen*. Es genügt schon selbst davon überzeugt zu sein, daß die Geschichte wahr ist, um sie wahrheitsgemäß zu erzählen.

Oftmals sind auch die Hypnotiseure selbst von der Existenz Außerirdischer überzeugt, wodurch sie dann unbewußt Stichworte geben und Suggestivfragen stellen könnten.

Wenn man nun Menschen, die niemals entführt wurden, unter Hypnose erzählt, sie sollen sich vorstellen, sie seien entführt worden und sie dann bittet zu erzählen, was sich abgespielt hat, dann erzählen sie die gleiche Geschichte, wie angeblich Entführte. Das weist darauf hin, daß die sich deckenden Geschichten nicht den Wahrheitswert unterstreichen, sondern darauf, daß die „typische" Entführungsgeschichte entweder mittlerweile so bekannt ist, daß sie jeder problemlos wiedergeben kann oder daß sich die Menschen „automatisch" eine Geschichte solcher Art ausdenken. Jedenfalls deutet nichts in den Hypnoseprotokollen darauf hin, daß es sich hier um „echte" Entführungserlebnisse solcher Art handeln könnte.

6. Warum UFOs und Außerirdische?

Am Ende könnte man sich nun fragen, warum die Menschen sich außerirdische Besucher ersinnen, wenn doch alles darauf hindeutet, daß es diese eigentlich nicht zu geben scheint. Vielleicht suchen die Menschen in einem Zeitalter, in dem viele der Kirche den Rücken kehren, also der tröstende Glaube abhanden kommt, neue Götter. Mit C. G. Jung ausgedrückt:

> „Kein Christ wird mir die Wichtigkeit einer Glaubensvorstellung wie der des Mittlers abstreiten. Er kann auch mit mir die Folgen, die der Verlust eines solchen Glaubens mit sich führt, nicht ableugnen. Eine derart mächtige Idee wie die eines göttlichen Mittlers entspricht einem tiefsten Bedürfnis der Seele, das nicht verschwindet, wenn ein Ausdruck desselben hinfällig wird."[6]

C. G. Jung hat sich in seinem „modernen Mythus" ausgiebig mit der Frage beschäftigt, warum Menschen UFOs sehen. Für Jung sind UFOs „visionäre Gerüchte"[7], d.h. eine Art Massenpsychose, die immer dann auftritt, wenn sich die Menschen in einer kollektiven Notlage bzw. Gefahr befinden. Zur Zeit Jungs wurde diese Gefahr durch den kalten Krieg mit Rußland und der damit verbundenen atomaren Bedrohung ausgelöst. Zu dieser Phase schwerer politischer Konflikte kam, laut Jung, die wachsende Enge in den Städten und damit in der Bevölkerung. Diese Enge verstärkte noch den psychischen Druck auf die Bevölkerung.

Die Menschen überdenken ihre Ängste und die Notlage jedoch nicht bewußt, diese sind vielmehr potentiell im Unbewußten vorhanden, suchen aber dennoch nach einem Weg, um zu Bewußtsein zu gelangen. Bei ihrer Bewußtwerdung manifestieren sich die Ängste in einem „visionären Gerücht". In diesem Fall wäre dies die runde Form, also auch die Erschaffung des Ufomythos. Der Kreis, der einen Archetypus für das „Ganzmachende" oder auch das „Heilende" darstellt, steht hierbei für die Ganzheit der Seele. Die UFOs sollen den Menschen also zur Überwindung der durch die kollektive Notlage entstandenen Ängste dienen, die sich in dem Mythos manifestieren können.

Für Jung war es bezeichnend, daß das erschaffene visionäre Gerücht sich in Form der UFOs zeigte, den die UFOs kamen vom Himmel und die Rettung kam schon seit jeher vom Himmel auf die Erde herab. Es waren also scheinbar wirklich neue Götter, die von den Menschen ersehnt wurden. Passend zum technischen Zeitalter eilten die neuen Götter in entsprechenden hochtechnisierten Fluggeräten den Menschen zu Hilfe.

---

6 C. G. Jung: Ein moderner Mythus. In: Zivilisation im Übergang; Gesammelte Werke; Zehnter Band, Walter: Olter und Freiburg im Breisgau 1974, S. 451.
7 Jung sagt zu diesem Ausdruck selbst: „ Ich ziehe den Terminus 'Vision' dem der 'Halluzination' vor, da dieser zu sehr als patologischer Begriff geprägt ist, während 'Vision' ein Phänomen bedeutet, das keineswegs nur krankhaften Zuständen eignet." In: C. G. Jung: Ein moderner Mythus 1974, S. 341.

Zusammenfassung

Wie es scheint gibt es einerseits zahlreiche Indizien gegen die Existenz der UFOs und Außerirdischer und andererseits zahlreiche angebliche Indizien für deren Existenz. Es bleibt bei der Fragestellung, ob UFOs existieren oder nicht das Problem, daß man, wie bei einem Gottesbeweis, weder ihre Existenz noch ihre Nichtexistenz beweisen kann. Man kann lediglich allen Indizien nachgehen und jedes angebliche Beweismittel prüfen, bis vielleicht eines gefunden ist, das keinen Zweifel mehr läßt. (Oder ein UFO landet und man selbst dem Alien die Hand reichen kann.)[8]

Sicher ist, daß bis heute nichts wirklich überzeugend darauf hinweist, daß uns fremde Wesen in der Vergangenheit mit ihren Raumschiffen besucht haben. Vielmehr nimmt der „Ufowahnsinn" die Form einer vorübergehenden Erscheinung an, die sich dazu noch gut vermarkten läßt. So wie die Aliens einst Engel und Dämonen abgelöst zu haben scheinen (denn diese werden heute seltener gesichtet), werden auch sie sicherlich irgendwann von neuen, dem Zeitgeist eher entsprechenden, Wesen abgelöst werden.

Eines bleibt jedoch stets gleich in der Geschichte der Menschen: Die Neigung bei Vorkommnissen, die uns fremd erscheinen, zunächst auf das unwahrscheinlichste und absurdeste zu schließen, anstatt nach natürlichen Erklärungen zu suchen. So werden aus Kornkreisen unheimliche Nachrichten fremder Wesen und aus aufgewühlten Böden Landestellen außerirdischer Raumschiffe.

---

8   Aber bitte nicht vergessen scharfe, unverwackelte Erinnerungsfotos zu schießen!

Literaturverzeichnis

Clark, Jerome: Unerklärlich! Geisterlichter, Riesenkraken und andere Phänomene. Niedernhausen/Ts.: Falken 1998.

Davies, Paul: Sind wir allein im Universum? Über die Wahrscheinlichkeit außerirdischen Lebens. Bern/München/Wien: Scherz 1996.

Dewdney, A. K.: Alles fauler Zauber? IQ-Tests, Psychoanalyse und andere umstrittene Theorien. Basel: Birkhäuser 1998.

Erben, Heinrich K.: Intelligenzen im Kosmos? Die Antwort der Evolutionsbiologie. München: Piper 1984.

Herrmann, Joachim: Das falsche Weltbild. Astronomie und Aberglaube. Stuttgart: dtv 1973, überarb. Aufl. .

Lammer, Helmut/ Sidla, Oliver: UFO Nahbegegnungen. München: Herbig 1996, 4. Aufl. .

Randow, Gero von (Hg.): Mein paranormales Fahrrad und andere Anlässe zur Skepsis, entdeckt im „Skeptical Inquirer". Reinbeck: rororo 1998.

Sagan, Carl: Der Drache in meiner Garage oder Die Kunst der Wissenschaft, Unsinn zu entlarven. München: Droemer/Knaur 1997.

Strieber, Whitley: Die Besucher. Eine wahre Geschichte. München: Heyne 1987.

Jung, C. G.: Ein moderner Mythus. In: Gesammelte Werke/ Zehnter Band. Olter/Freiburg im Breisgau: Walter 1974.

Ernst, Heiko: Es ist einfach zu anstrengend immer kritisch zu denken. In: Psychologie heute; März 1999, S. 32ff.

Freyermuth, Gundolf S.: Sie beobachten uns. Verschwörungstheorien blühen erst im Internet richtig auf. In: c't; Heft 13, 1998, S. 74ff.

Luczak, Hania: Raumfahrt in die Innenwelt. In: GEO; Heft 4; 1992, S. 18ff.

Scheppenbach, Joseph: Aliens. Wie die Außerirdischen wirklich auf die Erde kamen. In: PM; Februar 1998, S. 30ff.